¡Conocimiento a tope!
a tope!
Tiempo tecnológico
¿Qué es la tecnología?

Cynthia O'Brien
Traducción de Pablo de la Vega

CRABTREE
PUBLISHING COMPANY
WWW.CRABTREEBOOKS.COM

Objetivos específicos de aprendizaje:
Los lectores:

- Definirán la tecnología como herramientas que nos ayudan a hacer nuestras actividades y que hacen la vida más sencilla, segura y divertida.

- Identificarán y explicarán ejemplos de tecnología.
- Harán preguntas sobre tecnologías y darán sus respuestas, así como identificarán las ideas principales del texto.

Palabras de uso frecuente (primer grado)	**Vocabulario académico**
de, el, es, hace(n)(r), la, nos, que, sea, si, son, todos, un, una, y	construir, detector de humo, equipamiento, proteger, tableta, tecnología, temperatura, termómetro

Estímulos antes, durante y después de la lectura:

Activa los conocimientos previos y haz predicciones:
Pide a los niños que lean el título y vean la imagen de la portada. Haz una tabla SQA y, junto con los niños, llena las secciones «Sé» y «Quiero saber». Pregúntales:

- ¿Qué saben sobre tecnología?

- ¿Saben cuál es la definición de tecnología?

- ¿Cuáles son algunos ejemplos de tecnologías?

- ¿Qué quieren saber sobre la tecnología?

Durante la lectura:
Después de leer las páginas 4 y 5, pregunta a los niños:

- ¿La información de estas páginas les ayuda a responder la pregunta «¿Qué es la tecnología?»?

- ¿Qué palabras les ayudan a encontrar la respuesta?

- ¿Pueden definir la tecnología en sus propias palabras?

Después de la lectura:
Crea una definición para niños de tecnología y anótala en un cartel didáctico. Haz una tabla de tecnologías y sus propósitos. En un lado de la tabla, lista las tecnologías mencionadas en este libro. En el otro lado, anota el propósito de la tecnología. Por ejemplo: Horno / Hace que cocinar sea más fácil. Pide a los niños que hagan sus propias tablas con 5 a 8 ejemplos de tecnologías que haya en el aula o su casa.

Author: Cynthia O'Brien

Series development: Reagan Miller

Editor: Janine Deschenes

Proofreader: Melissa Boyce

STEAM notes for educators: Janine Deschenes

Guided reading leveling: Publishing Solutions Group

Cover and interior design: Samara Parent

Photo research: Cynthia O'Brien and Samara Parent

Print coordinator: Katherine Berti

Translation to Spanish: Pablo de la Vega

Edition in Spanish: Base Tres

Photographs:
iStock: kali9: p. 6 (right); ranckreporter: p. 11 (bottom); sturti: p. 13; Solovyova: p. 15; Steve Debenport: p. 19 (bottom); bukharova: p. 20
All other photographs by Shutterstock

Library and Archives Canada Cataloguing in Publication
Title: ¿Qué es la tecnología? / Cynthia O'Brien ;
    traducción de Pablo de la Vega.
Other titles: What is technology? Spanish
Names: O'Brien, Cynthia (Cynthia J.), author. |
    Vega, Pablo de la, translator.
Description: Series statement: ¡Conocimiento a tope!
    Tiempo tecnológico | Translation of: What is technology? |
    Includes index. | Text in Spanish.
Identifiers: Canadiana (print) 20200300768 |
    Canadiana (ebook) 20200300776 |
    ISBN 9780778784197 (hardcover) |
    ISBN 9780778784319 (softcover) |
    ISBN 9781427126566 (HTML)
Subjects: LCSH: Technology—Juvenile literature. |
    LCSH: Technology—Social aspects—Juvenile literature.
Classification: LCC T48 .O2818 2021 | DDC j600—dc23

Library of Congress Cataloging-in-Publication Data
Names: O'Brien, Cynthia (Cynthia J.), author. | Vega, Pablo de la, translator.
Title: ¿Qué es la tecnología? / traducción de Pablo de la Vega ;
    Cynthia O'Brien.
Other titles: What is technology? Spanish
Description: New York, NY : Crabtree Publishing Company, [2021] |
    Series: ¡Conocimiento a tope! Tiempo tecnológico |
    Translation of: What is technology?
Identifiers: LCCN 2020033871 (print) |
    LCCN 2020033872 (ebook) |
    ISBN 9780778784197 (hardcover) |
    ISBN 9780778784319 (paperback) |
    ISBN 9781427126566 (ebook)
Subjects: LCSH: Technology--Juvenile literature. |
    Tools--Juvenile literature.
Classification: LCC T48 .O273418 2021 (print) | LCC T48 (ebook) |
    DDC 600--dc23

Printed in the U.S.A. / 102020 / CG20200914

Índice

Crabtree Publishing Company

www.crabtreebooks.com   1-800-387-7650

Published in Canada
Crabtree Publishing
616 Welland Ave.
St. Catharines, Ontario
L2M 5V6

Published in the United States
Crabtree Publishing
347 Fifth Ave
Suite 1402-145
New York, NY 10016

Published in the United Kingdom
Crabtree Publishing
Maritime House
Basin Road North, Hove
BN41 1WR

Published in Australia
Crabtree Publishing
Unit 3 – 5 Currumbin Court
Capalaba
QLD 4157

¿Qué es la tecnología?

La tecnología es las herramientas que nos ayudan a hacer nuestras actividades. A nuestro alrededor hay muchos tipos de tecnologías. Nos ayudan a hacer la vida más fácil, segura y divertida.

¡Un balón de fútbol es una tecnología que hace la vida más divertida! Los zapatos de fútbol hacen que correr y patear el balón sea más fácil.

tableta

Una tableta es una tecnología. Nos muestra imágenes, videos y palabras. Hace que aprender sea más fácil y algunas veces más divertido.

En la escuela

Usamos tecnología en la escuela para que aprender sea más fácil.

lápiz

Un lápiz es una tecnología que hace más fácil escribir.

crayón

Un crayón es una tecnología que hace más fácil crear dibujos coloridos.

silla

escritorio

Escritorios y sillas son tecnologías que hacen más fácil aprender. Un escritorio nos da espacio para trabajar. Una silla nos da un lugar para sentarnos.

Ayuda a construir

La gente **construye** las cosas que necesita. Construye casas. Construye **muebles**. Usa tecnologías para que construir sea más fácil.

sierra

Un sierra es una tecnología que hace más fácil cortar madera.

martillo

clavo

Un martillo hace que sea más fácil fijar los clavos en la madera. Un clavo también es una tecnología. Mantiene unidas distintas piezas de madera.

En la casa

Las tecnologías pueden hacer la vida más fácil en casa. ¿Qué tecnologías usas en casa?

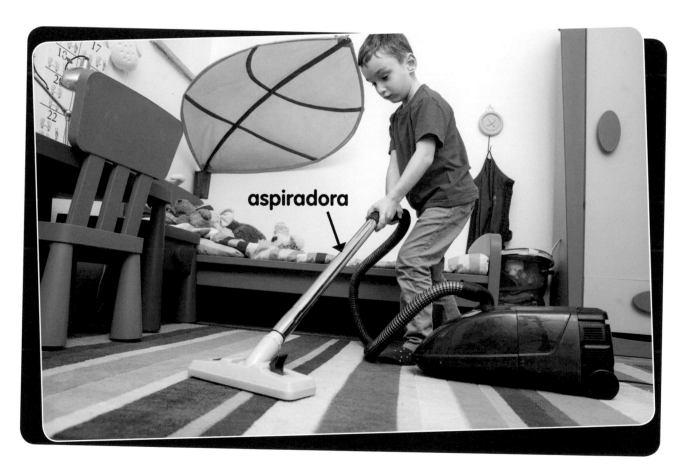

aspiradora

Una aspiradora recoge el polvo. Hace que limpiar sea más fácil.

barandal

Los barandales hacen que sea más seguro usar las escaleras. La gente se apoya en ellos para no caer.

horno

Un horno es una tecnología que hace que cocinar sea más fácil.

Nos mantiene seguros

Muchas tecnologías hacen la vida más segura. Nos pueden **proteger** para evitar que nos lastimemos. Pueden advertirnos si hay peligro.

casco

Un casco nos ayuda a mantenernos seguros cuando montamos en bicicleta o patinete. Te protege la cabeza si te caes.

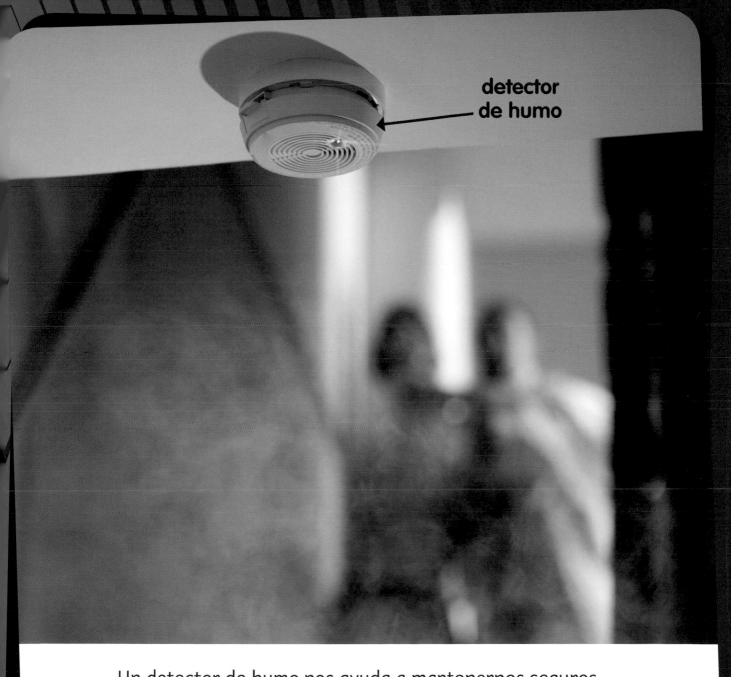

detector de humo

Un detector de humo nos ayuda a mantenernos seguros.
Nos advierte de que podría haber un incendio.

En el automóvil

Las tecnologías de los automóviles hacen la vida más fácil. En los automóviles, todos usan cinturones de seguridad. Los niños pequeños se sientan en sillas infantiles.

silla infantil

cinturón de seguridad

Un cinturón de seguridad mantiene a una persona en su asiento. Una silla infantil es adecuada para los niños pequeños. También los mantiene seguros.

espejos

Los espejos son tecnologías que nos mantienen seguros.
Ayudan a los conductores a ver lo que hay detrás de ellos.

En el camino

La tecnología ayuda a los conductores a mantenerse seguros en el camino. Los **semáforos** hacen que conducir sea más seguro.

semáforo

La luz verde le dice a los conductores que pueden continuar. La luz roja les dice que deben detenerse. La luz amarilla les dice que deben reducir la velocidad.

Un paso de cebra es una tecnología que nos hace sentir seguros. Nos dice dónde cruzar con seguridad una calle.

paso de cebra

señal de tránsito

La tecnología nos permite que sea más fácil conducir. Las señales de tránsito ayudan a los conductores a saber por dónde ir.

Nos mantiene saludables

Las tecnologías nos ayudan a estar **saludables**. Nos pueden ayudar a sentirnos mejor cuando estamos enfermos.

venda

Las vendas cubren los raspones. Esto ayuda al raspón a **sanar**.

Un termómetro toma tu **temperatura**. Si estás muy caliente, podrías estar enfermo.

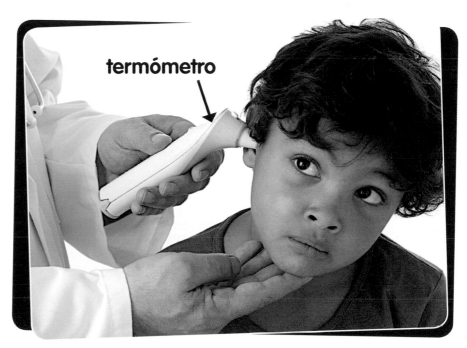

termómetro

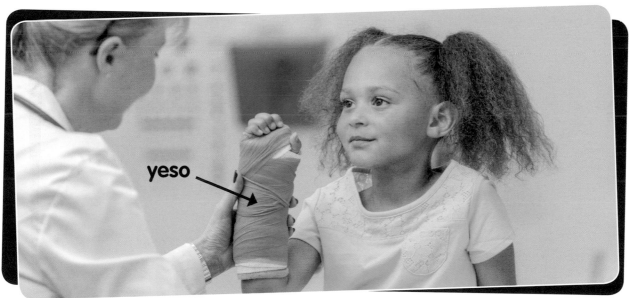

yeso

Un yeso ayuda a sanar los huesos rotos.

Hora de jugar

¡Muchas tecnologías hacen la vida más divertida! ¿Puedes pensar en otras cosas que hagan la vida más divertida?

montaña rusa

¡Una montaña rusa es una tecnología que muchos disfrutan, les hace la vida más divertida!

¿Los videojuegos hacen tu vida más divertida?

¡El **equipamiento** de los jardines de juegos hace los días más divertidos! ¡Te ayuda a escalar, saltar, resbalarte y columpiarte!

Palabras nuevas

construye: verbo.
Que hace algo uniendo
sus partes.

equipamiento: sustantivo.
Cosas usadas para un
propósito.

muebles: sustantivo.
Objetos en una habitación,
como una silla, una mesa
o una cama.

proteger: verbo. Evitar
ser herido.

saludables: adjetivo.
Que no están enfermos
o heridos.

sanar: verbo. Componerse
o ponerse mejor de salud.

semáforos: sustantivo.
Aparatos que con luces
dicen a los conductores
qué hacer.

temperatura: sustantivo.
Qué tan caliente o frío
está algo.

Un sustantivo es una persona,
lugar o cosa.

Un verbo es una palabra que
describe una acción que hace
alguien o algo.

Un adjetivo es una palabra que
te dice cómo es alguien o algo.

Índice analítico

Sobre la autora

Cynthia O'Brien ha escrito muchos libros para jóvenes lectores. Es divertido ayudar en la creación de una tecnología como el libro. Los libros pueden estar llenos de historias. También te enseñan acerca del mundo que te rodea, incluyendo otras tecnologías.

Para explorar y aprender más, ingresa el código de abajo en el sitio de Crabtree Plus.

www.crabtreeplus.com/fullsteamahead

Tu código es:
fsa20

(página en inglés)

Notas de STEAM para educadores

¡Conocimiento a tope! es una serie de alfabetización que ayuda a los lectores a desarrollar su vocabulario, fluidez y comprensión al tiempo que aprenden ideas importantes sobre las materias de STEAM. *¿Qué es la tecnología?* usa textos repetitivos y ejemplos para ayudar a los lectores a responder preguntas sobre tecnología e identificar las ideas principales del texto. La actividad STEAM de abajo ayuda a los lectores a expandir las ideas del libro para el desarrollo de habilidades tecnológicas, de ingeniería y de lengua y literatura.

Mi idea tecnológica

Los niños lograrán:
- Definir tecnología como las herramientas que nos ayudan a hacer nuestras actividades, y dar ejemplos de tecnologías que hacen la vida más fácil, segura y divertida.
- Crear un plan de tecnología que pueda ser usado en su comunidad.

Materiales
- Hoja de planeación «Mi idea tecnológica».
- «Mi idea tecnológica».
- Pizarra blanca y marcadores.

Guía de estímulos
Después de leer *¿Qué es la tecnología?*, pregunta a los niños:
- ¿Qué es la tecnología? ¿Pueden dar una definición de tecnología con sus propias palabras?
- ¿Cómo la tecnología puede hacer que aprender sea más fácil? ¿Cómo puede hacer la vida más segura? ¿Cómo puede hacer su comunidad más divertida?

Actividades de estímulo
Explica a los niños que los ingenieros son las personas que diseñan las tecnologías. Usan la ciencia, las matemáticas y el pensamiento creativo para diseñar tecnologías que resuelvan problemas y cubran necesidades. Las tecnologías que diseñan hacen la vida más fácil, segura y divertida.

Di a los niños que ¡actuarán como ingenieros y crearán una idea para desarrollar su propia tecnología!

Cada nueva idea tecnológica nace de un problema o necesidad. Haz una lluvia de ideas de problemas y necesidades. Anota las ideas en la pizarra para que los niños las usen como puntos de partida.

Entrega a cada niño una hoja de planeación «Mi idea tecnológica». Repasa las características de la tecnología:
- Debe resolver un problema o cubrir una necesidad.
- Debe hacer la vida más fácil, segura o divertida

Cuando los niños terminen de planear, pueden hacer una copia final en la hoja «Mi idea tecnológica». Necesitan hacer un dibujo y describir el problema que resuelve o la necesidad que cubre. También deben identificar si hace la vida más fácil, segura o divertida. Luego, pide a los niños que presenten su idea tecnológica.

Extensiones
- Pide a los niños que creen un anuncio que convenza a otros a usar la nueva tecnología.
- Introduce a los niños al proceso de diseño de ingeniería. Pide que sigan el proceso para crear una versión definitiva de su tecnología.

Para ver y descargar las hojas de trabajo, visita **www.crabtreebooks.com/resources/printables** o **www.crabtreeplus.com/fullsteamahead** (páginas en inglés) e ingresa el código **fsa20**.